Dr. Wolfgang Beier

Mehr Sicherheit und Selbstvertrauen

Cover-Gestaltung: Rincón² Design & Produktion GmbH, Köln
Gesamtherstellung: **VERLAG** FÜR POSITIVE LEBENSGESTALTUNG GmbH, Königswinter

Inhalt

Ihre Gedanken bestimmen Ihr Leben

Alles, was Sie erleben, alles, was Ihnen widerfährt, ist das Resultat Ihrer Gedanken. Ihre Gedanken führen zu Ergebnissen, auch wenn Sie sie nicht bewußt denken.
Oft fällt es uns schwer, die Verantwortung für unser Leben zu übernehmen. Oft fällt es uns schwer, zu glauben und zu akzeptieren, daß das, was uns umgibt und uns widerfährt, von uns selbst erschaffen worden sein soll. Und dennoch: Ob bewußt oder unbewußt, ob gewollt oder ungewollt, immer gilt, daß wir selbst tief in unserem Inneren jede Situation, jedes Geschehen, jedes Ereignis herbeigeführt haben.

In unserem Innern liegt die Ursache für den Verlauf und Ablauf unseres Lebens.

Deshalb ist es so wichtig, an unsere innersten, verschütteten Gedanken heranzukommen. Wir müssen sie ans Licht bringen, um sie gegebenenfalls ausräumen zu können. Wir müssen sie aus der Welt schaffen, wenn sie uns bisher keinen Segen gebracht haben, um uns mit neuen Gedanken eine neue Welt zu erschaffen.
Wir Menschen leben gleichzeitig in zwei Welten: In der inneren Welt der Gedanken und in der äußeren Welt. Beide Welten wirken aufeinander ein. Zwischen beiden besteht eine innige Wechselbeziehung.
Diese enge und einzigartige Verbindung zwischen unseren Gedanken und dem, was wir die »stoffliche Welt« nennen, können wir uns nutzbar machen, um unser Leben in die von uns gewünschten Bahnen zu denken. Darin, daß wir diesen Zusammenhang erkannt haben, liegt unsere große Chance. Daraus folgt, daß die äußere Welt nicht so bleiben muß, wie sie ist, sofern wir unsere Innenwelt verändern. Genauer gesagt:

Wenn wir uns und unsere Gedanken ändern, verändert sich auch die Welt, die uns umgibt.

Wir müssen uns entscheiden, von welcher der beiden Welten wir uns beherrschen lassen wollen: von der inneren Welt oder der äußeren Welt.
Lassen wir uns von der äußeren Welt der Erscheinungen beherrschen, so werden wir ein Opfer, ein Sklave der stofflichen Welt. Entscheiden wir uns hingegen für unsere innere Welt, so werden wir zum Meister der stofflichen Welt und damit zum Meister unseres Lebens. Diese äußere stoffliche Welt, die Welt der Menschen, Dinge, Orte und Ereignisse, ist nichts anderes als das Spiegelbild zu unserer inneren Welt.

Die äußere Welt zeigt uns klar und unmißverständlich, wie es tief in uns drinnen aussieht.
Wir können uns entscheiden: Wollen wir (wie die meisten Menschen) weiterhin immer nur auf die äußere Welt reagieren, oder wollen wir ganz gezielt die Macht der Gedanken nutzen und damit veranlassen, daß die äußere Welt auf unsere Gedanken reagiert? Das bedeutet für Sie: Sie fangen genau in dem Augenblick an, sich Ihre Wirklichkeit zu erschaffen, in dem Sie aufhören, lediglich auf die äußere Welt zu reagieren.

Übernehmen Sie die Verantwortung für Ihre Gedanken.

Kommen wir von der Theorie nun zur Praxis.
Fragen Sie sich einmal:

Welches waren meine Gedanken in der letzten Stunde?
Waren es Gedanken, die ich als Wirklichkeit erleben möchte?
Wenn ich abends Bilanz ziehe, waren dann die Gedanken des Tages mehr positiv oder negativ?

Machen Sie diese Gedanken-Kontrolle regelmäßig einmal am Abend, besser noch: machen Sie sie einmal in jeder Stunde. Widmen Sie 60 Sekunden von 60 Minuten einer kurzen Gedankenkontrolle. Stellen Sie fest, ob sich Ihre Gedanken noch in der von Ihnen gewünschten Richtung bewegen.
Machen Sie sich klar: Ohne eine solche Gedankenkontrolle wird sich an der Qualität Ihrer Gedanken und damit an der Qualität Ihres Lebens nichts ändern. Überrascht werden Sie feststellen, wie oft Sie selbst mit Ihren negativen Gedanken all Ihre Hoffnungen und Ziele zunichte machen. Regelmäßig durchgeführte Gedankenkontrolle kann wie ein regelmäßig eingenommenes Heilmittel wirken. Wir können unser Gehirn mit einem Rundfunkgerät vergleichen, nur ist unser Gehirn viel sensibler und wirkungsvoller als alle Geräte, die wir kennen.
Wenn wir im Radio Tanzmusik hören wollen, wählen wir nicht den Sender, der einen Trauermarsch spielt.
Wann immer Sie merken, daß in Ihnen ein negatives Gedankenprogramm läuft, wählen Sie einen anderen Sender. Sie selbst können das neue Programm, den neuen Sender bestimmen. Wenn Sie sich »ertappen«, drehen Sie im Geiste den Radioknopf, um ein positives Programm zu empfangen.
In unserer heutigen Zeit ist das negative Denken weit verbreitet. Die Bilder und Nachrichten aus Zeitung, Radio und Fernsehen tragen regelmäßig ihren Anteil dazu bei.
Viele Menschen sind scheinbar unentrinnbar in ihrem negativen Gedankennetz verfangen, so daß sie kaum noch einen Hoffnungsschimmer sehen. Doch diese

Situation hat auch etwas Gutes: Sie ist vergleichbar mit der eines Schwimmers, der, nachdem er den Meeresgrund erreicht hat und nicht mehr tiefer sinken kann, mit kräftigen Schwimmbewegungen wieder an die Oberfläche steigt.
Vielleicht muß man erst alles Leid ausgekostet haben, um die Energie zu besitzen, es zu überwinden?
Und genau das werden Sie jetzt tun. Wie? Indem Sie den festen Entschluß fassen, Ihre Denkgewohnheiten zu ändern.

Denken Sie positiv!

Die Wirkung positiver Gedanken wird nicht lange auf sich warten lassen. Wir erschaffen damit ganz neue Denkmuster, die unsere Worte entscheidend prägen. Denn dies zu erkennen ist wichtig: Die meisten Gedanken werden nicht nur gedacht, sondern ausgesprochen, das heißt, in Worte umgesetzt. Schauen wir uns daher zunächst einmal an, was es mit den Worten auf sich hat.

Die Macht der Suggestionen

Wenn man den Menschen anbietet, was sie sich wünschen, sagen sie nicht »Nein«. Auf einen guten Vorschlag reagiert kaum einer mit »nein«. Niemand weist eine ausgestreckte Hand zurück oder entzieht sich einer günstigen Lage. Und doch sagen die meisten Menschen mit regelmäßiger Beharrlichkeit »nein« zum Leben. Sie auch?

Wenn Sie verkünden: *»Nichts gelingt mir«*, sagen Sie *»nein«* zum Leben. *»Ich habe kein Glück...«, »Ich bin müde...«, »Ich bin zu alt...«, »Ich bin krank...«, »Ich bin arm...«, »Ich bin erledigt...«* – all diese Aussprüche und viele weitere Aussagen der Niederlage, die für die meisten Menschen zur Alltagssprache gehören, bedeuten, daß Sie »nein« zum Leben sagen, »nein« zu Ihren Hoffnungen, »nein« zu Ihren Träumen, »nein« zur Zukunft, »nein« und nochmals »nein«.

Nein, machen Sie so nicht weiter! Schluß mit der Nein-Philosophie!

Wer ständig solche Aussagen formuliert, braucht sich nicht zu wundern, wenn sich alles, was er verneint und abgelehnt hat, von ihm abwendet. Jedes Wort ist schöpferisch. Jedes Wort erzeugt genau die Wirkung, die ihm entspricht. Worte beeinflussen. Sie reden uns etwas ein. Sie suggerieren uns etwas. Worte sind Suggestionen. Vor allem solche, die immer aufs neue wiederholt werden.

Sind wir es, die die Suggestion an uns richten, nennen wir sie **Autosuggestion**. Werden die Worte von anderen an uns herangetragen, handelt es sich um **Fremdsuggestion**. Die Methoden der Suggestion macht sich zum Beispiel auch die Werbebranche zunutze.

Autosuggestion betreibt jeder Mensch. Jeder beeinflußt sich selbst, lebenslänglich, von der Wiege bis zur Bahre, alltäglich, von Stunde zu Stunde. Jedesmal, wenn wir sagen *»Es hat doch alles keinen Zweck«*, werden unsere Bemühungen tatsächlich keinen Zweck haben.

Schauen wir uns einige weitverbreitete Lebenssituationen und die dazugehörenden Autosuggestionen an:

Geldmangel:	*Ich habe kein Geld. Ich werde es finanziell nie zu etwas bringen.*
	Das kann ich mir nicht leisten.
Misserfolg:	*Ich kann eben nichts. Ich bin ein Versager.*
Partnerschaft:	*Niemand liebt mich.*
	Ich kann einfach keine Frau (keinen Mann) finden.
Krankheit:	*Die Krankheit ist langwierig. Dagegen gibt es noch kein Mittel.*

All diese Autosuggestionen verfestigen die unerwünschte Situation. Leider sind sich die meisten Menschen über die verhängnisvollen Folgen derartiger Suggestionen nicht im klaren.

Erkennen Sie, wo Sie selbst von negativen Suggestionen beherrscht werden. Erkennen Sie, daß Sie selbst es sind, der sich negativ »programmiert«. Dann können Sie das Ruder herumwerfen und beginnen, Ihre negativen Suggestionen durch positive zu ersetzen. Bald schon werden Sie feststellen, daß sich Ihre Lebenssituation verändert. Hier zwei Beispiele für **positive Suggestionen**:

Ich weiß, was ich will, und erreiche alle selbstgesteckten Ziele.
Ich habe Vertrauen in mich und in meine eigene Kraft.

Wenn wir positive Suggestionen gezielt anwenden wollen, müssen wir die Regeln der Suggestion beachten. Sie lauten:

Regel 1: Formulieren Sie Suggestionen – insbesondere wenn Sie anfangen, damit zu »arbeiten« – überwiegend in der Gegenwartsform. Auch wenn es unlogisch erscheint. Sie gehen davon aus, daß Ihre Suggestion bereits verwirklicht ist, und zwar auf der Ebene Ihres Bewußtseins. Also: *»Ich* ***habe*** *jetzt eine neue Arbeitsstelle.«* Wenn Sie in der Anwendung von Suggestionen etwas geübt sind, können Sie die eine oder andere Suggestion auch in die unmittelbare Zukunft verlegen, z.B.: *»Ich werde morgen einen schönen Tag haben.«* Oder: *»Meine Arbeit wird mir immer besser gelingen.«* Für den Anfang jedoch ist es ratsam, bei der Gegenwartsform zu bleiben.

Regel 2: Formulieren Sie Ihre Suggestionen immer positiv.
Bekräftigen Sie das, was Sie möchten. Also: *»Ich habe genügend Geld«* statt: *»Ich habe keine Schulden mehr.«*

Regel 3: Wiederholen Sie Ihre Suggestionen in entspanntem Zustand mehrmals am Tag über einen längeren Zeitraum hinweg. Suggestionen leben von der Wiederholung. Die Wiederholung wirkt wie das regelmäßige Gießen der Blumensaat.

Denken Sie daran: Je größer Ihr angestrebtes Ziel ist, desto mehr Ausdauer, Geduld und konsequenter Anwendung der Suggestionen bedarf es, bis sich eine positive Wirkung einstellen kann.
Wenden wir uns nun der **Fremdsuggestion** zu. Machen Sie folgendes Experiment: Sagen Sie zu einem Menschen, vielleicht sogar dem erstbesten, der Ihnen begegnet, etwas Kränkendes (aber bitte nur einmal). Was geschieht? Sofort erzeugen Ihre Worte Spannung, Zwietracht, Abwehr. Sagen Sie zu einem Menschen (vielleicht sogar zu dem früheren »erstbesten«) ein freundliches Wort: Sofort erzeugen Ihre Worte Entspannung und Zuneigung. Was sagen uns diese Beispiele?

Fremdsuggestion an sich ist nicht schlecht. Fremdsuggestionen können einen Menschen aufrichten oder ihn niederdrücken. Es kommt immer darauf an, welche Absicht mit ihnen verfolgt wird. Fremdsuggestionen, wie *»Sie werden gesund«* oder *»Sie werden Ihre Prüfung bestehen«*, können im anderen ungeahnte Kräfte freisetzen. Gehen Sie einmal in Gedanken in das Wartezimmer eines Arztes. Was hören Sie da? Die Patienten berichten sich gegenseitig eifrig von ihrer Krankheit. Symptome werden endlos ausgetauscht und wiederholt. Wiederholung prägt leider auch in diesem Fall ein und verwirklicht um so mehr das, was ständig angesprochen wird, die Symptome, die Krankheit ...
Hier hilft nur eines: Wer Ohren hat zu hören, der höre weg! Das gleiche gilt für andere Gesprächsthemen, wie das Wetter (zu kalt, zu heiß, zu trocken, zu naß), Politik, Verbrechen, Krieg. Alles negativ, alles suggestiv!

Wenn Sie Gesprächen negativen Inhalts zuhören oder sich gar daran beteiligen, schwächen Sie sich selbst! Die Auswirkungen werden in jedem Fall negativ sein.

Wie können wir uns schützen, wenn sich solche Gespräche nicht vermeiden lassen? Durch Umwandeln des Gehörten. Neutralisieren Sie das Gehörte, indem Sie positive Inhalte an dessen Stelle setzen. Und noch eines: Menschen, die ständig Negatives berichten, sind im Grunde genommen auf der Suche nach positiven Erfahrungen. Ihr negatives Gerede ist in Wirklichkeit ein Hilferuf. Solche Menschen haben Probleme.
Genauer gesagt: Sie brauchen Liebe! Es bleibt Ihnen überlassen, ob Sie sich von solchen Menschen trennen, oder ob Sie ihnen helfen wollen.
Halten wir fest:

Worte sind die mächtigste Droge, die die Menschheit besitzt und nutzt. Suggestionen sind solche Worte, die durch ihre ständige Wiederholung eine richtunggebende Kraft sind.

Für das tägliche Leben heißt das:

1. Seien Sie sich über jedes Ihrer Worte, auch das »unbedeutendste«, im klaren.

2. Sprechen Sie nie ein Wort aus, zu sich oder zu anderen, von dem Sie nicht wollen, daß es Wirklichkeit wird.

Eine besondere Art von Worten sind die **Affirmationen**. Darüber sollten wir noch etwas mehr erfahren.

Affirmationen sind Worte der Kraft

Affirmationen sind eine besondere Form von Autosuggestionen. *»Ich schaffe es nicht«* ist eine negative Autosuggestion. Die positive Formulierung lautet: *»Ich schaffe es.«* Solche **positiven Autosuggestionen** nennt man Affirmationen.
»Affirmare« heißt im Lateinischen behaupten, bejahen, bestärken, bestätigen. Wenn wir Affirmationen verwenden, behaupten wir etwas, was wir erst später durch die entsprechenden Erfahrungen bestätigen. Von allen mentalen »Techniken«, mit denen wir unseren Denkvorgang lenken und steuern können, ist die Affirmation die einfachste.
Folgendes ist bei der Verwendung von Affirmationen zu beachten:

1. Wählen Sie immer die positive, bejahende Aussageform (*»Ich liebe mich und andere«*).

2. Bilden Sie kurze Sätze. Auch dies ist ein Merkmal von Affirmationen. Eine Affirmation ist wie ein Mantra: kurz, einfach, leicht auszusprechen und leicht zu wiederholen. Verwenden Sie höchstens zehn Worte. Manchmal sind schon ein oder zwei Worte sehr wirkungsvoll, etwa *»Erfolgreiche Rede« oder »Rekordumsätze«.*
   Verwenden Sie keine Bandwürmer. In der Kürze liegt die Würze. Sie sollten knapp und rhythmisch formulieren. Affirmationen können auch lustig formuliert sein: *»Viele Zinsen, frohes Grinsen«.* Das Ungewöhnliche, das Originelle prägt sich leichter und schneller ein.

Wenn Sie Affirmationen auswählen, entscheiden Sie sich für **eine** Aussage, die das, was Sie erreichen wollen, zum Ausdruck bringt.
Unser Denken läuft so ab, daß immer nur ein Gedanke zur gleichen Zeit festgehalten wird. Wir können nicht an ein Haus und ein Auto gleichzeitig denken. Affirmationen führen dazu, daß Ihr Denken – genauer gesagt, Ihr Unterbewußtsein – mit solchen Gedanken »gefüllt« wird, die Ihrem Ziel am förderlichsten sind. Unser Unterbewußtsein ist ein trockener Schwamm. Alles, was wir erleben, erfahren, fühlen, hören, sehen, schmecken, sprechen, prägt sich ihm unauslöschbar ein. Haben wir unser Unterbewußtsein mit dem von uns gewünschten Gedanken gefüllt (»gefüttert«), so wird es uns bei der Verwirklichung unserer Ziele helfen. Unser Unterbewußtsein ist unser bester Freund. Wir müssen ihm nur klar sagen, was er für uns machen soll.
Genau das tun wir, wenn wir ihm Affirmationen als »geistige Nahrung« servieren. Indem wir unsere Bejahung immer wieder in unser Unterbewußtsein senken, helfen wir ihm und damit uns, das gewünschte Ergebnis hervorzubringen.

Die wiederholte Anwendung prägt sich dem Unterbewußtsein dermaßen ein, daß alte, negative Gedankenmuster unwirksam werden und die ersehnten Änderungen eintreten.
Wie wendet man Affirmationen auf optimale Weise an?

1. Beschäftigen Sie sich jeden Tag mit einer oder höchstens drei Affirmationen, vor allem vor dem Schlafengehen und bevor Sie den Tag beginnen.

2. Schreiben Sie Ihre Affirmation 10-, 20- oder auch 30mal auf einen Bogen Papier. Sehr nützlich ist es auch, wenn man seine Affirmation auf ein kleines Kärtchen schreibt, das man dann tagsüber bei sich trägt und des öfteren in die Hand nimmt. Sehr wirkungsvoll ist es, ein solches Affirmations-Kärtchen an Stellen zu plazieren, auf die oft unser Blick fällt (Spiegel, Schreibtisch, Geldbörse ...).

3. Bauen Sie Ihren Namen in die Affirmation ein, und zwar in der ersten, zweiten oder dritten Person.
   Beispiel: *Ich, Hans, vergebe meiner Mutter*
   Du, Hans, vergibst deiner Mutter.
   Er, Hans, vergibt seiner Mutter.
   Ich, Hans, ...
   Die Aussagen in der zweiten und dritten Person sind besonders wirksam.

4. Stellen Sie sich vor einen Spiegel, und sagen Sie die Affirmation laut, deutlich und gefühlvoll auf.

Sollten Sie beim Schreiben oder Sprechen der Affirmationen Widerstand in sich spüren, so handelt es sich um eine zu Beginn oft auftretende Reaktion. Lassen Sie sich nicht verunsichern und entmutigen. Fahren Sie fort. Versuchen Sie gegebenenfalls und sofern aus eigener Kraft möglich, der Ursache dieser Widerstände auf die Spur zu kommen. Manche Affirmationen sind mit starken Gefühlen beladen. Hier führen Beharrlichkeit und konsequentes Weitermachen zum Ziel, manchmal jedoch kann auch die Hilfe einer Vertrauensperson notwendig sein. Je nach Inhalt und Bedeutung der Affirmation kann es eine Weile dauern, bis unser Unterbewußtsein einen neuen Gedanken akzeptiert.
Denken Sie daran: Auch das Fahrradfahren haben Sie nicht an einem Tag erlernt.
Wir haben bisher über Gedanken, Worte, Suggestionen und Affirmationen gesprochen, wobei sich all diese Gebiete natürlich gegenseitig durchdringen. Wir wissen nun, daß Gedanken Kräfte sind, die ihresgleichen anziehen.

Mutige	**Gedanken ziehen**	**Mut an**
Traurige	**Gedanken ziehen**	**Traurigkeit an**
Kranke	**Gedanken ziehen**	**Krankheit an**
Arme	**Gedanken ziehen**	**Armut an**
Negative	**Gedanken ziehen**	**Negatives an**
Positive	**Gedanken ziehen**	**Positives an**

Jeder kann und muß sich entscheiden, ob er weiter negativ oder lieber positiv denken will. Beide Wege stehen uns offen. Beide Wege bringen Resultate. Beide Wege sind gebührenfrei. Nur: Der Preis für den negativen Weg ist am Ende eindeutig höher. Negatives Denken erfordert auf Dauer gesehen mehr Anstrengung, und die Resultate sind trotz des höheren Energieaufwandes weitaus unerfreulicher.

Wir – die wir das Beste aus dem Leben machen wollen – entscheiden uns für den positiven Weg, wir fassen den Entschluß, für den Rest unserer Lebensreise ein Positiv-Denker oder, anders gesagt, ein **Optimist** zu sein.

Optimisten leben länger und besser

Optimisten wie Pessimisten sind beide »Propheten«. Der Pessimist glaubt an den schlechten Ausgang einer Sache, der Optimist glaubt daran, daß die Sache gut ausgeht. In den meisten Fällen behalten beide recht, und jeder fühlt sich mit seiner »Philosophie« bestätigt. Denn das Gesetz des Kosmos lautet:

Im Leben erhalten wir genau das, was wir erwarten, nicht unbedingt das, was wir wollen.

Pessimisten sind nicht selten wahre »Pechvögel«. Sie sitzen meist in der zweiten Reihe und ziehen das Schlechte mit schöner Regelmäßigkeit genauso an wie ein Misthaufen die Fliegen. Der Pessimist jammert, daß die Hälfte des Urlaubs schon wieder vorüber ist. Er sieht an der Rose die Dornen statt der Blüte. Er sieht die Löcher im Schweizer Käse.
Der Optimist macht es umgekehrt. Die Folge: Der Pessimist fühlt sich die meiste Zeit seines Lebens schlecht, der Optimist fühlt sich gut.
Ohne Optimisten säßen wir heute noch in dunklen Höhlen. Edison war nach tausend Fehlversuchen noch optimistisch genug, den richtigen Glühfaden zu finden. Wernher von Braun war optimistisch genug zu glauben, daß es möglich ist, mit bemannten Raumfähren auf dem Mond zu landen. Immer wenn etwas Bedeutendes geschehen ist, waren Optimisten am Werk. Pessimisten haben auf dieser Welt noch nie etwas Erwähnenswertes bewegt.

Tatsache ist: Nur wer sich Illusionen macht, wer es wagt, zu träumen, hat eine Chance, das Beste aus seinem Leben zu machen.

Nur wer die Hoffnung nicht aufgibt, bewahrt sich die Chance, sein Leben zum Besseren zu wenden. Hoffnung ist ein Lebenselixier. Ohne sie gibt es kein Leben. Wenn der Mensch keine Hoffnung mehr hat, dann kann man ihn begraben.
Und zu hoffen lohnt sich immer. Keine Situation ist hoffnungslos oder ausweglos, solange wir sie nicht so sehen! Und Hoffnung ist nun einmal ein Wesensmerkmal der Optimisten. Ein Optimist weiß und sieht, was in der Welt geschieht. Er ist nicht jemand, der sich ständig etwas vormacht, die Tatsachen verdreht und sich über Gefahren hinwegtäuscht. Er schmeißt jedoch angesichts von Gefahren oder Widrigkeiten nicht das Handtuch, sondern macht weiter.

Ein Optimist ist Realist und trotzdem Optimist.

Der Optimist verfügt über zwei grundlegende Einstellungen. Die erste lautet: *»Ich habe die Kontrolle über mich und mein Leben.«* Die zweite lautet: *»Ich bin fähig. Was ich anpacke, gelingt mir.«*
Es gibt noch einige weitere Merkmale, an denen man den Optimisten erkennt:

Ein Optimist
- traut sich selbst etwas zu, anstatt an seinen Fähigkeiten zu zweifeln
- macht sich für Fehler keine Selbstvorwürfe
- sieht zuerst die Vorteile einer Sache
- findet Gründe, warum etwas doch möglich ist
- denkt nicht gleich: *»Das war Glück«*, wenn ihm etwas gelingt
- grübelt weniger und macht sich nicht bei jeder Gelegenheit Sorgen

Wie viele dieser Merkmale treffen auf Sie zu? Haben Sie das Gefühl, Kapitän Ihres Lebens zu sein?
Man ist um so zufriedener, je mehr man glaubt, die Kontrolle über die Ereignisse in seinem Leben zu haben. Dabei ist es für das seelische Befinden und den Erfolg nicht so wichtig, ob man tatsächlich die Kontrolle über etwas hat. Entscheidend ist, daß man **glaubt**, die Kontrolle zu haben.
Der Optimist ist überzeugt, sein Schiff durch alle Wasser des Lebens lenken zu können. Er hält, auch wenn es mal stürmt, das Steuer sicher in der Hand. Was ihm nicht dienlich ist, versucht er zu ändern. Dabei zeichnet den Optimisten ein ganz besonderes Merkmal aus:

Er versucht nicht, andere Menschen oder ausschließlich die Umstände zu ändern, sondern er beginnt mit der Veränderung ganz woanders – bei sich selbst.

Vor allem aber weiß ein Optimist, was er will, er hat **Ziele**. Und genau damit wollen wir uns nun beschäftigen.

Kennen Sie Ihre Ziele?

Ein Mensch ohne Ziele ist wie ein Stück Treibholz im Wasser. Er wird von einem Ufer zum anderen gespült.

Ohne Ziele gibt es keine Erfolge, ohne Erfolge können wir kein erfülltes Leben führen.

Und obwohl diese Zusammenhänge so klar und offensichtlich sind, gibt es genau an dieser Stelle bei vielen Erfolgswilligen erhebliche Schwierigkeiten. Viele Menschen wissen ganz genau, was sie nicht wollen. Sollen sie aber genau definieren, was sie wollen, sind die meisten verunsichert.
Dabei ist gerade dieser Schritt so wichtig. Denn nur wer weiß, was er will, kann erfolgreich sein. Alles, was wir bisher über positives Denken und Gedankenkräfte gehört haben, nützt uns wenig, wenn wir nicht wissen, auf welches Ziel wir unsere Gedanken lenken sollen.
Jeder Mensch ist voller Energien. Energie drängt nach Bewegung. Ohne Ziele können sich die inneren Kräfte nicht in Marschrichtung formieren! Dabei soll es uns zunächst einmal um die Lebensziele gehen, Ziele, die uns Erfolg und Erfüllung bringen. Unsere wahren Ziele finden wir, indem wir uns die wichtigste Frage überhaupt stellen. Sie lautet:

»Was will ich?«

Beantworten Sie diese Frage so genau wie möglich. Machen Sie das schriftlich auf einem leeren Blatt Papier. Antworten wie: *»Ich will glücklich sein«* reichen nicht aus. Durch solche Antworten wird keiner zum Handeln befähigt. Wie soll man planvoll handeln, um »glücklich« zu sein? Wenn sie nicht wissen, was Sie wollen, müssen Sie es herausfinden. Stellen Sie sich zu diesem Zweck eine weitere Frage:

»Was sind meine Fähigkeiten?«

Jedes Wesen auf diesem Planeten hat besondere Fähigkeiten, Eigenschaften, Talente. Auch Sie! Schreiben Sie diese auf. Ihre Fähigkeiten, Eigenschaften und Talente sind das, was Sie der Welt geben könnten, und das, was Sie geben könnten, führt fast automatisch zu Ihrem Ziel.
Finden Sie heraus, welche Fähigkeiten Sie haben und vor allem welche davon Ihnen Freude bereiten. Finden Sie heraus, wem Sie Ihre Fähigkeiten geben könnten. Denn eins ist sicher: Sie haben Fähigkeiten, und deshalb muß es auch Menschen geben, die Ihre Fähigkeiten benötigen.

Jemand, der über gute Fremdsprachenkenntnisse verfügt und sich gern im Ausland aufhält, könnte das Ziel haben, Reiseleiter zu werden. Wichtig sind **Ihre** Ziele, nicht die, die andere für Ihre Ziele halten! Folgen Sie ab jetzt dem Schlag ihrer eigenen Trommel.

Natürlich können Sie auch mehrere Ziele aufschreiben. Besser jedoch ist es, Sie entscheiden sich für **ein** Ziel. Je mehr Ziele, um so größer die Gefahr, keines davon zu erreichen. Man kann nicht gleichzeitig mehrere Hasen jagen.

Wirklich erfolgreiche Menschen haben meist nur ein Ziel zur gleichen Zeit, erreichen es und wenden sich erst dann neuen Zielen zu. Das spart Energie und unnötige Mißerfolge.

Nun, haben Sie Ihr Ziel gefunden?
Sie sind ganz sicher, daß es wirklich Ihr Ziel ist? Wenn Sie nur zu 50 Prozent hinter dem Ziel stehen, werden Sie es nicht erreichen, Ihre Motivation reicht in diesem Fall nicht aus. Spätestens dann, wenn Widerstände auftreten, werden Sie Ihr Ziel zu Grabe tragen.
Machen Sie nun – nachdem Sie Ihr ganz persönliches Ziel gefunden haben – einen Plan, wie Sie Ihr Ziel erreichen wollen. Welcher ist der erste Schritt und welcher der nächste? Legen Sie fest, bis wann Sie die einzelnen Schritte in Angriff nehmen wollen. Setzen Sie sich auch einen Zeitpunkt, bis zu dem Sie Ihr Ziel erreichen wollen. Überprüfen Sie jeden Schritt, ob er Sie wirklich weiterbringt. Ändern Sie andernfalls die Schritte ab.
Damit ist die Vorbereitung, die Zielfindung und Planung, abgeschlossen. Nun kommt der entscheidende Schritt, bei dem wieder einmal die meisten hängenbleiben.

Fangen Sie an!

Das Geheimnis des Erfolgs heißt: Tun Sie es! Gute Vorsätze und Wünsche haben viele. Wenn es jedoch ums Anfangen geht, bleiben nur noch wenige übrig. Sie müssen nicht hetzen, nur: machen Sie sich auf den Weg. Der Langsamste, der sein Ziel nicht aus den Augen verliert, geht immer noch schneller als der, der ohne Ziel herumirrt.
Erfolg kommt von erfolgen! Erfolg ist die Wirkung, die auf ein ganz bestimmtes Tun – eine Ursache – erfolgt. Das heißt: Je mehr Sie tun, je mehr Ursachen Sie setzen, desto mehr Wirkungen erzeugen Sie.

Erfolg ist die Folge von Taten!

Und noch eines: Schweigen Sie über Ihre Pläne! Legen Sie nicht jedem Ihre Ziele auf den Tisch. Es wird immer jemanden geben, der Ihnen klarzumachen versucht, warum Sie Ihr Ziel nicht erreichen können. Noch ist Ihr Ziel jedoch eine zarte Pflanze. Lassen Sie sie nicht verhungern. Behalten Sie Ihre Pläne für sich. Wenn Sie wirklich zu jemandem über Ihre Pläne sprechen, dann suchen Sie sich solche Personen aus, bei denen Sie ganz sicher sein können, daß Sie Zuspruch oder zumindest konstruktive Kritik erhalten werden. Und bei wem kann man sich da schon ganz sicher sein? Im Zweifelsfall heißt es schweigen.
Denn die Welt beurteilt Sie nicht nach Ihren Worten, sondern allein nach Ihrem Tun. Was zählt sind Taten. Darum: Lassen Sie Resultate für sich sprechen. Das überzeugt mehr als tausend Worte.
Und nun viel Erfolg!

Sicher zum Erfolg durch Imagination

Imagination ist der Vorgang, bei dem wir uns ein ganz bestimmtes, vorher ausgewähltes Bild oder Geschehen vor unserem inneren Auge vorstellen. Es ist, als würden wir eine Art Heimkino einschalten, das sich unmittelbar hinter unserer Stirn befindet.
Imagination bezeichnet nichts anderes als die menschliche Vorstellungskraft. Ein anderer häufig verwendeter Begriff für das Bildersehen vor unserem geistigen Auge ist das Wort Visualisierung bzw. visualisieren. Beide Worte werden für den gleichen Vorgang benutzt. Nur geht es beim Visualisieren genau genommen um das innere Sehen, während der Begriff Imagination auch die anderen Sinne mit einbezieht.
Die Imagination ist eine enorme Kraft. Sie wirkt wie ein »mentaler Beschleuniger«, der uns unsere Ziele schneller und leichter erreichen läßt. Jeder erfolgreiche Mensch – ob Sportler, Künstler, Schauspieler, Unternehmer – arbeitet bewußt oder unbewußt mit der Imagination.

Imagination kann als die Kraft angesehen werden, ohne deren Nutzung es kaum möglich ist, etwas Wesentliches zu erreichen.

Imagination ist der wichtigste Bestandteil des sogenannten **Mentaltrainings**. Jeder Mensch ist fähig, sich bestimmte Dinge, Menschen und Situationen vorzustellen und diese Vorstellungsbilder in Gedanken auszumalen. Wie überall, so gilt auch hier: Übung macht den Meister!
Wie geht man dabei vor?

1. Setzen oder legen Sie sich bequem hin. Sorgen Sie dafür, daß Sie für 5 bis 10 Minuten ungestört sind.

2. Legen Sie als erstes fest, worum es bei Ihrer Imagination gehen soll.
   Beispiel: Sie wollen ein Haus kaufen.
   Sie wollen schlank werden.
   Sie wollen vor einer Menschengruppe frei sprechen können.

3. Entspannen Sie sich. Bringen Sie Ihren Geist zur Ruhe. Eine der ältesten und nach wie vor wirkungsvollsten Entspannungsmethoden besteht darin, die Aufmerksamkeit nur auf den Atem zu lenken. Spüren Sie, wie der Atem durch die Nase ein- und wieder ausströmt. Bleiben Sie mit Ihren Gedanken nur bei Ihrem Atem. Ihr Atem ist Ihr Freund. Er hilft Ihnen, sich zu entspannen. Es wird Ihnen mit jedem Male besser gelingen.

4. Wenn Sie einen angenehmen Zustand der Ruhe erreicht haben, lassen Sie die gewünschte Situation bzw. das Geschehen auf Ihrem geistigen Bildschirm entstehen und »lebendig« werden. Laden Sie dieses Bild mit Gefühl auf. Dieses Gefühl ist ausschlaggebend.
   Bei der Imagination ist wieder unser Unterbewußtsein der wichtigste Partner, und das Unterbewußtsein reagiert nun einmal nur auf gefühlsbetonte Bilder. Der Erfolg der Imagination ist abhängig von der Klarheit der Vorstellung und von der Intensität unserer Gefühle. Bringen Sie also neben dem Sehen auch alle anderen Sinne mit ins Spiel.

Beispiel:
Sehen Sie sich Ihre Rede halten, **spüren** Sie die Freude, daß Ihnen alles so gut gelingt, **hören** Sie den Applaus der Anwesenden, sehen, fühlen und genießen Sie, wie man Ihnen anschließend die Hände schüttelt. Hören Sie, wie man über Sie anerkennend spricht, wie man sie lobt.

Je mehr Sie bei der Imagination erleben, desto besser. Steigern Sie sich richtig in das ganze Geschehen hinein. Erleben Sie alles im Endzustand, also so, wie Sie es sich wünschen. Sehen Sie sich am Ziel, malen Sie sich möglichst viele Details aus. In der Imagination ist alles bereits Wirklichkeit.
Machen Sie anschließend einige kräftige Atemzüge und beenden Sie die Imagination. Wiederholen Sie die Imagination mehrmals täglich über einen längeren Zeitraum hinweg – genau genommen so lange, bis die Wirklichkeit mit dem Vorstellungsbild übereinstimmt. Wenn Sie von nun an gezielt Ihre Vorstellungskraft nutzen, geht alles leichter im Leben.

Stärken Sie Ihr Selbstbewußtsein

Es ist traurig aber wahr: Wenn sie sich selbst bewerten sollen, verkaufen sich die meisten Menschen immer unter Wert. Sie machen sich geringer und kleiner als sie sind. Daher erreicht die Mehrheit aller Menschen auch nicht einmal im entferntesten die Grenze ihrer Fähigkeiten. Dabei trägt jeder in sich einen verborgenen Schatz. Jeder verfügt über ein gewaltiges, schlummerndes Potential. Auch Sie!

Sie sind besser als Sie glauben!

Der Hauptgrund für Unsicherheit und nicht entwickelte Fähigkeiten liegt in unserem Selbstbild. Durch unser Selbstbild wird unser Leben am meisten beschränkt.
Woher kommt dieses Selbstbild? Von klein auf haben wir immer wieder Botschaften aus unserer Umgebung aufgenommen – erinnern wir uns an das, was wir über negative Suggestionen erfahren haben. Diese Botschaften (*»Du schaffst das nie«, »Aus dir wird nie was«*) haben sich tief in uns verwurzelt. Dazu kommen eigene negative Erfahrungen wie Mißerfolge und Enttäuschungen, die ein übriges tun. All dies hat uns gelähmt, anstatt uns innerlich wachsen zu lassen. Ist das negative Selbstbild erst einmal fest genug verankert, lenkt und steuert es unser gesamtes Verhalten. Irgendwann glauben wir dann selbst daran, daß wir schüchtern und schwach, hilflos und nicht gut genug sind. Auch hier hat Wiederholung Denkmuster fest eingeprägt – sehr zu unserem Schaden.
Der entscheidende Weg, Unsicherheit zu überwinden und so mehr aus seinem Leben zu machen, führt daher direkt zu dem »Bild«, das wir von uns selbst haben und wie einen Rucksack immer mit uns herumtragen. Deshalb:

Stärken Sie Ihr Selbstbild!

Unser Selbstbild wird am stärksten beeinflußt durch unser Selbstwertgefühl. Unser Selbstwertgefühl und damit unser Selbstvertrauen hängen zu 100 Prozent davon ab, wie wir über uns denken. **Denken** wir schlecht von uns, kritisieren wir uns und machen uns »klein«, dann **fühlen** wir uns auch »klein« und minderwertig. Wir verzweifeln und werden mutlos.
Folgende Schritte werden Ihnen helfen, ein **positives Selbstbild** zu entwickeln:

1. Werfen Sie sich keine kränkenden und verletzenden Worte mehr an den Kopf (*»Ich bin vielleicht ein Idiot«, »Das habe ich aber wirklich blöd angestellt.«*). Unterlassen Sie jegliche Selbstverachtung und Selbstabwertung.

2. Akzeptieren und mögen (noch besser: lieben) Sie sich selbst. Nehmen Sie sich bedingungslos an, und zwar so, wie Sie zur Zeit (noch) sind. Verhalten Sie sich selbst gegenüber mindestens so, wie man sich einem lieben und teuren Freund gegenüber verhalten würde. Kritisieren Sie sich nie persönlich, sondern höchstens Ihr Verhalten. Ein Mensch ist noch lange nicht schlecht, nur weil er sich einmal schlecht oder falsch verhalten hat.
»Was du nicht willst, daß man dir tu, das füg auch keinem anderen zu.« Dieser andere sind auch Sie! Hören Sie auf, sich selbst Ihr größter Feind zu sein. Schmieren Sie sich nicht ständig selbst Ihre Fehler aufs Brot.

3. Hören Sie auf, sich mit anderen zu vergleichen. Jeder ist anders. Jeder Mensch ist eine Einzigartigkeit mit Stärken und Schwächen. Jeder hat wertvolle Seiten, die ihn auszeichnen. Jedes Vergleichen führt zur Bewertung. Aus Be-Wertung folgt meist Ab-Wertung. Die Be-Urteilung führt zur Ver-Urteilung. Seien Sie der, der Sie sind! Seien Sie echt. Verzichten Sie darauf, so wie andere sein zu wollen. Seien Sie kein Nachahmer, kein Imitator. Verzichten Sie auf Rollenspiel und Maskerade.

4. Haben Sie keine Angst vor Fehlern und Mißerfolg. Nur wer nichts wagt, kann nicht hinfallen. Entscheidend ist nicht, niemals hinzufallen, sondern nach jedem Sturz wieder aufzustehen. Seien Sie ein Stehaufmänn(frau)chen. Fehler und Mißerfolge sind Lektionen zum Lernen. Sie zeigen uns, was wir in Zukunft besser machen können.

5. Bauen Sie auf Ihre Stärken.
Richten Sie Ihre Aufmerksamkeit mehr auf Ihre Stärken und weniger auf Ihre Schwächen. Beschäftigen Sie sich mit Schwächen nur dann, wenn Sie an ihrer Überwindung arbeiten. Akzeptieren Sie Dinge, die sich nicht ändern lassen (zu große Nase, Sommersprossen). Machen Sie aus jedem Minus ein Plus. Manch einer wurde da, wo er einst schwach war, sehr stark. So wurde Demosthenes – trotz seines Sprachfehlers – der größte Redner im antiken Griechenland.

6. Lassen Sie die Vergangenheit vergangen sein. Was zählt ist das **Jetzt**, nicht die Kindheit, Schule ... Sie können alte Verhaltensweisen und Gewohnheiten verlernen. Sie können das alte Band gegen ein neues auswechseln. Wir sind nicht das Opfer unserer Vergangenheit.

7. Machen Sie Ihr Selbstwertgefühl nie von anderen abhängig. Sein Selbstbewußtsein auf den Meinungen anderer zu gründen, ist wie ein Haus, dessen

Fundament auf Treibsand ruht. Früher oder später wird das Gebäude einstürzen. Wenn Sie Ihr Wohlbefinden von Lob und Tadel anderer abhängig machen, sind Sie fremdbestimmbar, manipulierbar und damit für andere ein gefundenes Fressen. Fallen Sie den manipulativen Botschaften anderer nie zum Opfer. Geben Sie sich selbst die Zustimmung, die Sie brauchen. Gesundes Eigenlob stinkt **nicht**!

8. Lösen Sie sich von destruktiven Gefühlen. Schuldgefühle sind Selbst-Sabotage. Sie wirken abtötend. Was geschehen ist, ist geschehen. Ändern Sie gegebenenfalls, was sich noch ändern läßt. Machen Sie es beim nächsten Mal besser. Schließen Sie Frieden mit (möglichst) allen Menschen.
   Sorge ist das Spiegelbild der Schuldgefühle. Schuldgefühle sind in die Vergangenheit gerichtet, Sorgen in die Zukunft. Beide verhindern das Leben in der **Gegenwart**. Die Erfahrung zeigt, daß die meisten Dinge, deretwegen wir uns Sorgen machen, niemals eintreffen. Darum: Machen Sie sich nicht selbst verrückt.

Und hier noch drei **praktische Tips** für den Alltag:

1. Arbeiten Sie mit Affirmationen.
2. Loben Sie sich für kleine Fortschritte.
3. Nehmen Sie Komplimente an, und verteilen Sie selbst aufrichtige Komplimente.

In Ihnen steckt der Samen zu einem wunderbaren Menschen. Lassen Sie ihn aufgehen.

Es gibt eine Lösung für jedes Problem

Probleme haben ein negatives Image. Probleme gelten als etwas Schlechtes. Keiner wünscht sich Probleme. Doch tatsächlich will das Problem uns etwas mitteilen, es ist eine Botschaft für uns. Probleme sind also wertvolle Wegweiser. Wir sollten sie nicht einfach wegschieben oder gar bekämpfen. Wir können also den Begriff Problem ganz neu definieren:

Danach ist ein Problem:

- eine Herausforderung
- eine Wachstums-Chance
- ein Geschenk, das wir uns selbst machen
- ein Maßanzug
- eine Situation

Was klingt besser: *»Ich habe ein Problem«* oder *»Da stellt sich mir eine Situation«*? Bei »Problem« denken wir an mühevolle Arbeit. Bei »Situation« an eine zu lösende Aufgabe. Denken Sie zurück an das, was über die Macht der Worte gesagt wurde. Dadurch, daß wir ein Wort aussprechen, geben wir ihm Kraft, stärken wir es. Wozu Probleme verstärken? Das ist doch nicht nötig.

Hier einige **Tips** zum Thema »Probleme«:

1. Seien Sie nicht überrascht, wenn Probleme auftreten. Sie gehören zum Leben wie der Stickstoff zur Luft.

2. Überschätzen Sie Ihre Probleme nicht. Die meisten messen einem Problem mehr Gewicht zu, als es verdient.

3. Begrüßen Sie Probleme. Sie wirken stimulierend und machen das Leben erst interessant. Wie wollen Sie Ihre Stärken und Fähigkeiten herausfinden und entwickeln, wenn nicht anhand von Problemen?
   Probleme sind Leitlinien, keine Stopp-Signale!

4. In jedem Problem stecken wertvolle Möglichkeiten. Suchen Sie danach!

5. Erstellen Sie eine Liste der Lösungsmöglichkeiten. Erweist sich die eine Möglichkeit als undurchführbar, dann probieren Sie es eben mit der nächsten. Lassen Sie sich nicht entmutigen – es muß eine Lösung geben!

6. Entscheidend ist immer, was Sie aus Ihrem Problem machen. Viele sind erst durch Probleme das geworden, was sie heute sind.

7. Bewahren Sie sich Ihre positive Grundhaltung (Sie wissen ja: Gedanken sind Kräfte, Optimist sein ...). Mit Humor und Freude geht manches leichter. Dies ist nicht nur eine Redensart.

Und sollte es einmal »knüppeldick« kommen, so denken Sie daran: Kein Problem läßt uns so zurück, wie es uns vorfand. Wie es uns zurückläßt, das hängt von uns selbst ab.
Vielleicht besteht Ihr Problem in den Beziehungen zu anderen Menschen. Nun, dann lesen Sie das Kapitel ...

Mit anderen Menschen besser auskommen

Niemand ist eine Insel. Überall – auf der Straße, auf der Arbeitsstelle, in der Familie – begegnen uns Menschen. Wie gut wir mit diesen Menschen auskommen, ist für unser Wohlbefinden und für unseren Erfolg von eminenter Bedeutung. Wer mit seinen Mitmenschen nicht klarkommt, wer sich auf sie nicht einstellen kann, wird im Leben wenig Freu(n)de haben, dafür jedoch (ungewollt) einsam sein. Hier einige bewährte Regeln, wie man die Beziehungen zu seinen Mitmenschen verbessern kann:

Regel 1: Nehmen Sie die Menschen so an, wie sie sind. Dies stellt eine große Aufgabe dar. Bedenken Sie: Jeder Mensch ist wie Sie einmalig. Jeder Mensch hat die »Reise« auf dieser Erde begonnen, um zu lernen, um zu wachsen. Helfen Sie den Menschen dabei zu wachsen, ihren Schwächen zu entwachsen. Jeder kann in diesem Moment nur so sein, wie er ist. Nobody is perfect. Treten Sie anderen Menschen mit Achtung gegenüber. Senden Sie Ihrem Gegenüber in Gedanken die Botschaft: *»Du bist mir wichtig. Ich freue mich, dir begegnen zu dürfen.«*
Lassen Sie auch jedem seine Meinung, seine Wirklichkeit. Bedenken Sie: Es gibt nicht **die** Wirklichkeit. Jeder lebt in seiner eigenen Welt, in seiner eigenen Wirklichkeit.

Regel 2: Kritisieren, tadeln und verurteilen Sie andere nicht. Wie oft und wie schnell sind wir mit Verurteilungen bei der Hand! Anstatt Menschen zu verurteilen, versuchen Sie, sie zu verstehen. Halten Sie für jeden Menschen, der Ihnen täglich begegnet, eine Gratis-Dosis Verständnis bereit. Versuchen Sie herauszufinden, warum dieser Mensch so und nicht anders handelt. Wird ihm die Arbeit zuviel? Hat er zu Hause Streit? Ist sein Kind krank? Verständnis ist tausendmal besser als Kritik. Wenn Sie Probleme vermuten, fragen Sie, ob Sie dem anderen helfen können. Schaffen Sie eine Atmosphäre der Sympathie, der Nachsicht und Güte. *»Wer ohne Sünde ist, der werfe den ersten Stein«.*
Deshalb: Alles verstehen heißt alles verzeihen.

Regel 3: Geben Sie dem anderen Anerkennung, wo immer es geht. Achten Sie darauf, daß Ihre Anerkennung aufrichtig ist, von Herzen kommt. Loben Sie andere. Loben zieht nach oben. Alles, was Sie loben, wächst, wird mehr. Es darf für Sie keinen Tag mehr geben, an dem Sie nicht mindestens einen Menschen gelobt haben. Verteilen Sie Streicheleinheiten, auch an Menschen, die Sie nicht kennen. Gelegenheiten gibt es

mehr als genug. Da sehen Sie, wie jemand in seinem Garten mit dem Blumenbeet beschäftigt ist. Wie wäre es mit: *»Es ist wirklich eine Freude zu sehen, wie Sie Ihr Blumenbeet wieder auf Hochglanz bringen.«* Solche und ähnliche Streichel-Sätze sind in der Praxis erprobt. Sie »funktionieren«.
Was glauben Sie, wie ein solcher Mensch sich nach Ihrem anerkennenden Lob fühlt? Und – lassen Sie sich überraschen – wie Sie sich erst danach fühlen! Sagen können Sie, was Sie wollen. Nur, echt muß es sein. Haben Sie also keine Angst vor fremden Menschen. Es gibt gar keine »fremden« Menschen. Wir »kennen« uns alle ...

Regel 4: Interessieren Sie sich für andere. Das tun Sie, indem Sie dem anderen Menschen in die Augen sehen, indem Sie Fragen stellen und indem Sie ihm zuhören. Seien Sie ein guter Zuhöhrer. Die Welt lechzt danach. Jeder sehnt sich danach, von sich zu sprechen. Wenn Sie sich für einen Menschen Zeit nehmen, dann machen Sie ihm das kostbarste Geschenk.
Vor allem: Lächeln Sie! Ein Lächeln kostet weniger als elektrischer Strom und bringt mehr Licht. Wenn Sie einen anderen Menschen anlächeln, heilen Sie ihn und sich selbst.
Lassen Sie andere aussprechen. Fallen Sie dem anderen nicht ins Wort. Seien Sie, wenn der andere spricht, ganz bei ihm und nicht schon bei ihrer anschließenden Antwort.

Regel 5: Sprechen Sie den Menschen mit seinem Namen an. Nichts hört der Mensch (Sie nicht auch?) lieber als seinen eigenen Namen. Der eigene Name ist für jeden das schönste und wichtigste Wort. Der Name ist etwas Wunderbares. Er gehört ausschließlich jenem Menschen, mit dem wir es gerade zu tun haben. Sein Name zeichnet ihn aus, macht ihn einmalig. Jede Mitteilung, die Sie weitergeben, jeder Wunsch, den Sie aussprechen, gewinnt eine besondere Bedeutung, wenn Sie den Namen dieser Person vorausschicken. Der Name wirkt Wunder, ob bei der Kellnerin oder beim Generaldirektor.

Regel 6: Verabschieden Sie sich vom Neid! Ist der andere Mensch schöner, erfolgreicher, beliebter? Freuen Sie sich für ihn. Gönnen Sie es ihm. Das, was Sie bei anderen schätzen, gutheißen, anerkennen, vermehren Sie auch in Ihrem Leben! Wünschen Sie dem anderen mehr Erfolg, mehr Gesundheit, mehr Geld ..., so vermehren Sie all das beim anderen und bei sich selbst. Sagen Sie dem Neid ade. Neid ist ein zu teurer Luxus. Neid kostet mehr als nur Lebensfreude.

Regel 7: Jede Begegnung mit anderen Menschen ist für Sie wichtig. Jede Begegnung will Ihnen etwas sagen. Sie begegnen keinem Menschen ohne Grund. Jede Begegnung hat ihren Sinn. Es gibt immer etwas dabei zu lernen. Jeder ist (hat) für den anderen eine Botschaft. Jeder ist des anderen Lehrer.

Sieben Schritte zu einer dynamischen Persönlichkeit

Schritt 1: Werden Sie ein »Ich-kann-Ich-werde-Mensch«
Überall im Universum wirkt die Schöpfungsenergie. Es ist eine Kraft, die alles drängt, sich ständig weiter und höher zu entwickeln. Diese Kraft hilft jedem Menschen, der weiß, was er will. Man muß nur mutig anfangen. Jedem Menschen stehen mehr Energien zur Verfügung, als er nutzen kann. Wenn er sich nur erst einmal aufrafft, dann sprudeln die Quellen ganz von selbst.
Die Kraft kommt mit dem Tun. Wer nicht(s) mehr anfängt, wer nichts wagt, ist schon tot. Wer das Risiko scheut, geht das größte Risiko ein!

Schritt 2: Lernen Sie, sich zu entscheiden
Informieren Sie sich vor jeder wichtigen Entscheidung über alle Möglichkeiten. Entscheiden Sie sich dann. Danach sollte jeder *»Hätte ich doch nur ...«*-Satz für Sie tabu sein. Stehen Sie zu Ihrer Entscheidung. Beweisen Sie Format. Übernehmen Sie für etwaige Folgen die ganze Verantwortung.
Nachdem Sie einen bestimmten Weg gewählt haben, können Sie nie mit letzter Gewißheit sagen, was passiert wäre, wenn Sie sich anders entschieden hätten. Alles hat Vor- und Nachteile. Wer eine Wahl trifft, muß auf etwas anderes verzichten.
Der Unentschlossene verliert zwar nichts (außer sein Leben), muß aber damit leben, daß andere für ihn die Entscheidungen treffen. Schieben Sie nichts auf die lange Bank!

Schritt 3: Entwickeln Sie Begeisterung
Das intensive Feuer der Be-Geist-erung wird schnell zu einem Flächenbrand, der alle Menschen mitreißen wird, die in Ihren Einzugsbereich kommen. Ohne die Kraft der Begeisterung können neue Ideen nicht verwirklicht werden. Begeisterung ist die Grundlage allen Fortschritts. Mit ihr gelingen Leistungen, ohne sie höchstens Ausreden. Begeisterung ist die Hefe, die Ihre Wünsche aufgehen läßt.

Schritt 4: Entwickeln Sie Ausdauer und Standfestigkeit
Der Lohn einer Reise wartet immer am Ende und nicht am Beginn auf uns. Goethe sagte: *»Nur wer strebend sich bemüht, den können wir erlösen.«* Lassen Sie sich durch Niederlagen nicht entmutigen. Gehen Sie beharrlich Ihren Weg, auch wenn Sie mehrmals neu beginnen müssen. Nehmen Sie sich ein Beispiel an Kolumbus: Seine Besatzung drängte mutlos zur Umkehr. Er jedoch hielt durch bis zum Ziel – auch wenn es ein anderes Ziel war, als erwartet.
Eines der größten Erfolgsgeheimnisse auf Erden heißt: »Beharre, bis Du siegst!«

Schritt 5: Wer etwas zu sagen hat, muß reden können
Jeder ist ein Verkäufer. Jeder verkauft sich selbst. Manchmal auch vor mehreren Menschen gleichzeitig. Lernen Sie daher, wirkungsvoll reden zu können. Nutzen Sie alle Möglichkeiten, Ihre Redekunst zu verbessern. Überwinden Sie Lampenfieber. Achten Sie auf Ihre Stimme. Eine warme, wohlklingende Stimme wirkt wie eine Oase in der Wüste. Nutzen Sie die Suggestivkraft der Stimme. Arbeiten Sie an der Klangfarbe Ihrer Sprache. Sokrates sagte: *»Sprich, damit ich dich sehe.«* Die Sprache offenbart den Charakter des Menschen. Ihre Stimme ist Ihre hörbare Visitenkarte. Mit Stimme und Blickkontakt können Sie andere Menschen überzeugen.
Das Wort hat – Sie wissen es längst – eine gewaltige Kraft. Stehen Sie hinter Ihren Worten mit Ihrer ganzen Persönlichkeit. Seien Sie aufrichtig, bei allem, was Sie sagen – und tun. Überhaupt: Seien Sie echt! Achten Sie auch auf Ihr äußeres Erscheinungsbild. Wer wie ein König behandelt werden will, muß aussehen wie ein König.

Schritt 6: Zuhören können will gelernt sein
Reden ist Silber, Schweigen ist Gold. Nur wenn Sie selbst schweigen, können Sie etwas über den anderen erfahren. Jede Kommunikation zwischen zwei Menschen besteht aus Senden und Empfangen. Hören Sie genau hin, wenn der andere spricht.
Ermutigen Sie durch gezielte Fragen und Bemerkungen zum Weitersprechen. Jeder redet gerne von sich selbst. Geben Sie dem anderen Gelegenheit dazu. Fallen Sie dem anderen nie ins Wort. Verkneifen Sie sich selbst jeden Redeschwall. Seien Sie, während der andere spricht, ganz bei ihm und seinen Worten, und denken Sie nicht schon daran, was Sie antworten wollen. Geben Sie dem anderen das Gefühl, wichtig zu sein. Wer gut zuhören kann, macht anderen das größte Geschenk und erwirbt sich den Ruf eines guten Gesprächspartners. Denken Sie daran: Der Mensch hat zwei Ohren, aber nur einen Mund.

Schritt 7: Lernen Sie, mit Ihren Gefühlen angemessen umzugehen
Achten Sie bei allem, was Sie tun, auf Ihre Gefühle. Spüren Sie zum Beispiel Ärger in sich aufsteigen, so fragen Sie sich: *»Wer oder was verursacht diesen Ärger?«* Machen Sie sich klar: Kein Mensch, keine Situation kann uns ärgern. Erst unsere Gedanken über diesen Menschen oder diese Situation verursachen die Gefühle, die uns ärgern. Erst durch unsere Bewertung schaffen wir Leid. Jeder Mensch ärgert sich selbst! Niemand kann Sie ärgern, außer Sie sich selbst. Sich aufzuregen, zu fluchen, genervt oder wütend sein, ändert nichts an der Sache. Wer »ausrastet« richtet kostbare Energien gegen sich selbst. Ändern Sie Ihre Denkgewohnheiten. Schuld am Ärger sind immer enttäuschte Erwartungen.

Denken Sie daran: Wer sich zu negativen Gefühlen und Reaktionen hinreißen läßt, verliert an Position. Wer brüllt, hat nichts zu sagen. Werden Sie kein Opfer Ihrer eigenen Gefühlsausbrüche. Reden Sie über Ihre Gefühl da, wo es sinnvoll ist. Vergessen Sie nie mehr: Wut und Zorn machen alles nur noch ärger. Unterdrücken Sie keine Gefühle, lassen Sie sie aber auch nicht bei unpassender Gelegenheit heraus.

Wenn Sie sich diese sieben Eigenschaften immer mehr aneignen, erhalten Sie eine achte »Eigenschaft« als Prämie gratis dazu: eine positive, gewinnende Ausstrahlung!

Wie die Feder im Wind

Das Dasein der meisten Menschen gleicht einer Feder,
die je nach Umständen vom Wind umhergeweht wird.
Bald ist sie oben, bald unten, bald links, bald rechts,
planlos und ohne Absicht ...

Doch kann dieses federleichte, unbestimmte Dasein
auch in ein freies, zielgerichtetes Schweben gewandelt werden.
Wer die Gesetze des Windes kennt,
kann sich selbst ausrichten, um im Aufwind zu sein.
Mit Leichtigkeit bewegt er sich mit Hilfe des Windes,
benutzt ihn und seine Gesetze,
um in eine selbstgewählte Richtung zu steuern.